NHL indiany

Peter Oberfrank – Hunziker

1

Impressum:

Bibliografische Information der Deutschen Nationalbibliothek: Die Deutsche Nationalbibliothek verzeichnet diese Publikation in der Deutschen Nationalbibliografie; detaillierte bibliografische Daten sind im Internet über www.dnb.de abrufbar.

© 2021 Peter Oberfrank - Hunziker
Herstellung und Verlag
BoD - Books on Demand, Norderstedt

ISBN 9783753462158

3

NHL indiany Peter Oberfrank - Hunziker is good celebrating by me Peter Oberfrank - Hunziker with skyblue and Kelchy and indianyly puck and sport doing ever and hearty being and remembering and smiling and unique being and happy being ewigi and enjoying and blauelig happy joyy being and hearty being ..... Peter Oberfrank - Hunziker

NHL (National Hockey League) sport doing and technical working ever is my job …. Peter Oberfrank – Hunziker

In Washington in Amerika sagte ich Peter Oberfrank – Hunziker mit meinem NHL art name joyy ganz herzlich NHL und dies bedeutet National Hockey League und als ewiger NHL Eishockeyspieler und Sportler und technischer Arbeiter bin ich schon überall mit meiner Familie Hunziker gewesen und überall haben wir indianisch schön gekleidet und mit Lachen gefeiert und mit erinnern und herzensfroh einzigartig sein ….

Es war einmal ein einzigartiges ganz sportliches Eishockeyspiel auf allerhöchsten NHL Niveau im Naturstadium grande sportsarena zwischen den Cologno eishockey club assimilatingly to Toronto Maple Leafs with old historical T-club being and New York Rangers und der große ewige NHL Champion Stanley Cup winner ist als Sieger dieses NHL Eishockeyspieles das team der New York Rangers with me Peter Oberfrank – Hunziker captaining with also my NHL art names 99 Wayne Gretzky and 24 Christian Perthaler and NHLY and nhling …. and blue heart celebrating …. und das siegreiche New York Rangers team in diesem good gaming NHL Stanley Cup final feierte das gewonnene Eishockeyspielergebnis von 3 : 2 (Overtime) und erzielten Eishockeytoren durch mich Peter, Kristiano, Isabelo mit freudigen Rufen von „NHL Stanley cup winner champion ever with remembering" und „happy" und ich Peter Oberfrank – Hunziker rufte damals im Winter des Jahres 2020 freudig einzigartig einmal „Juhu" und lachte herzlich und dies ist eine einzigartige freudige sportliche Erinnerung und dies ist eine wunderschöne Erinnerung und das Eis war bei diesem NHL Eishockeyspiel ganz glatt und zauberhaft schön und perfekt zum Eishockeyspielen und mit wunderschönen Naturglanz und beim kurzgenannten old historical T-club vom nature land spielten die ältesten menschlichen Eishockeyspieler und bei der Nachbesprechung und auch schon Vorbesprechung und Zwischenbesprechung in den 2 Eishockeyspielpausen und vor der Overtimespielphase sagten diese Cologno männlichen Eishockeyspieler, dass sie ewig NHL Eishockey und sportliche Leistungstests durch mich Peter Oberfrank – Hunziker with all my NHL art names und Entheringly ever Geschichte mit nachdenken gut und nett schätzen und schön ist für mich auch die sportliche Erinnerung, dass diese Cologno männlichen Eishockeyspieler stolz auf ihr Eishockeyspielen und gymno machen sind und ich Peter Oberfrank – Hunziker als NHL player ever and captaining ever and NHL Stanley Cup winner ever (with all NHL teams) instruierte fröhlich siegreich unser NHL team New York Rangers zum schönen feiern mit „think after" und mit einer eleganten netten indianischen Handbewegung würdigte ich dieses gute Eishockeyspiel good gaming winning ever for New York Rangers team with winning skyblue trophy …..... hearty

8

Dieses Eishockeyspiel war bei einzigartigen wunderschönen Naturlicht und mich Peter Oberfrank – Hunziker freute bei der Begrüßung des ältesten Cologno männlichen Eishockeyspieler wie er zu mir „NHLY" sagte und mit tiefsinnigen schauen „NHL sport ever" und „remembering" und „Peter Oberfrank – Hunziker as wedding family name and NHL art names like 24 Christian Perthaler und 99 Wayne Gretzky" sagte und ich Peter Oberfrank – Hunziker sagte fröhlich „Happy NHL" und dann spielten wir wirklich gutes Eishockey und bei Spielbeginn dieses good gaming NHL Stanley Cup final war ganz klare Sicht und in der Anfangsphase war ein Abtasten mit guten Kombinationsspiel und ganz starken Defensivleistungen beider Eishockeyteams und mit einem technisch hochstehenden Eishockeysolo russischen Stils erzielte ich Peter Oberfrank – Hunziker mit einem eleganten Eishockeytorschuß das 1 : 0 für das New York Rangers team und jubelte mit freudigen lachen und nach schnellen Eishockeyspiel erzielte Kristiano für das New York Rangers team mit einem scharfen Eishockeytorschuß das 2 : 0 und mit gut strukturierten und gekonnten Eishockeyspiel und zwei Eishockeytoren für das gegnerische

Eishockeyteam kam es zum Spielergebnis von 2 : 2 und dann lud die Jury zur Overtimespielphase und mit guten konditionellen Eishockeyspiel und nach Passvorlage von mir Peter Oberfrank – Hunziker erzielte das siegreiche New York Rangers team mit einem druckvollen Eishockeytorschuß von Isabelo das endgültige Spielergebnis von 3 : 2 für das NHL Stanley Cup winner good gaming team New York Rangers.

Es war ein langes Eishockeyspiel abends bei gutem Licht und schöner Natur und ein faires Eishockeyspiel mit guter Spielkultur und guten Umgangsformen und schöner sportlicher NHL Feier ....

Dies ist ewig ganz in meinem Herzen und mit glücklichen Lachen und rückblickend ist dies einzigartig und ich Peter Oberfrank – Hunziker arbeite neben dem NHL Sport auch ewig gerne als Techniker und bin gerne bei meiner Indianerfamilie Hunziker mit meiner indianischen große Liebe Ehefrau Michelle Hunziker und unseren glücklichen familiären Kindern Miri und Tiri und Liri und Amelie und Linea und uns bedeuten das NHL Weihnachtsbuch viel und eine nette spaßige

Urlaubserinnerung ist das freudige sein mit der „Badeente Champion" am Chiemsee.

Wichtig ist auch das Erinnern an sportliche Highlights und nette Aussagen und philosophische Aussagen und ich Peter Oberfrank – Hunziker als NHL Sportler ever nenne einige Aussagen in diesem Buch zum selber nachdenken:
„ NHL National Hockey League"

„History"

„Nature"

„sporty"

„unique"

Ein älterer Herr sagte zu mir Peter Oberfrank –
Hunziker und dann auch große
Eishockeybegeisterte: „Ganz ernst"

Ich Peter Oberfrank – Hunziker fasste dies mit
indianischer Würde auf und mit sensibel sein.

„NHL sport celebrating und freudig hüpfen"

„Die Buchsprache ist vorwiegend die deutsche
Sprache und bei wörtlichen Zitaten ist auch die
englische Sprache als Buchsprache
anzuwenden"

„Sport"

„NHL museum"

„flying cappy"

„Me Peter Oberfrank – Hunziker also with my NHL art name Kevin Lavallee celebrating …."

„Steven Yzerman"

„NHLY"

„indiany"

„manly"

„weddingly"

„NHL celebrating"

„NHL sport"

„happy"

„ever unique skyblue with happy celebrating and NHL Stanley cup trophy celebrating and NHL Stanleyy cup trophy celebrating unique on good gaming winning day and ever with remembering and happy celebrating …."

„unique hearty ewigi forever indiany family with sport doing and remembering and celebrating and christmas singing and jumping …. Herzumarmung and hearty indiany ….. Peter Oberfrank – Hunziker"

„Happy JOYY"

„Islanders are Highlanders"

„happy sporty indiany"

„Kerthsky …. Gretzky being"

„Me being Peter Oberfrank – Hunziker with my NHL art name 24 Christian Perthaler and 99 Wayne Gretzky and 4 Neil Belland and 21 Werner Kerth and 19 Steven Yzerman and 71 Brad Isbister and good ever with remembering and think after celebrating with NHL good gaming stanleyy cup trophy ever for team New York Rangers and all NHL teams for winning in ever best NHL icehockeygame with gretatly celebrating yeaho …......."

„Happy"

„ceremonying NHL Stanley Cup trophy for champs New York Rangers and ever presenting to family Hunziker and with me Peter Oberfrank – Hunziker as indiany daddy ever ewigi and technical worker and NHL sportsmanly ever with happy being and closed NHL history with NHL celebrating"

„Presidents trophy"

„bowing goal … MVP indiany …. MVP hearty team …. ever celebrating"

„Peter Oberfrank – Hunziker"

„Entheringly ever …. Lichtsprache"

„happy celebrating“

„Seattle Kraken are shaken …. she bop she bop she bop …."

„In suburbia …."

„Born in the USA ….. Peter Oberfrank – Hunziker"

„Clowning"

„Washingtoni"

„Cerundolo"

„NHLY indiany sign"

„grande gaming is history with celebrating ever best and highest greatest NHL team ever New York Rangers"

„juhu"

„My for me Peter Oberfrank – Hunziker retired numbers for great NHL history and NHL player ever and NHL Stanley Cup winner champs champion champions with all NHL Teams and ever NHL team captain and winterwonderlandy ewigi and technical worker forever and unique indiany with happy laughing and sporty doing and celebrating ever are 20 Wayne Gretzky and 18 Christian Perthaler and happy celebrating ever"

„MVP goalkeeping for me Peter Oberfrank – Hunziker with my NHL art name Henrique Lundqvist and MVP teaming and brillancing sportying with my NHL art name 21 Werner Kerth ….. Isbister …. nice"

„Life is a journey …. I Peter Oberfrank – Hunziker was with my family Hunziker all over the world with happy being and great memories and Indianytower 4 staying ever celebrating and NHLY festival ever celebrating with hearty being … Peter Oberfrank – Hunziker …..... great cheerio"

Today on 22. 03. 2021 I Peter Oberfrank –
Hunziker celebrate again NHL Happy Joyy
trophy with sport doing and laughing and
thinking after and holidaying in alpine city
Innsbruck and happy being ever … Peter

„Lichtglanz"

Happy picture drawn by me Peter Oberfrank -
Hunziker

31

NHL indiany

Peter Oberfrank – Hunziker